Bulle et Bob
au jardin

Une histoire racontée par Natalie Tual
Illustrée par Ilya Green

Didier Jeunesse
Polichinelle

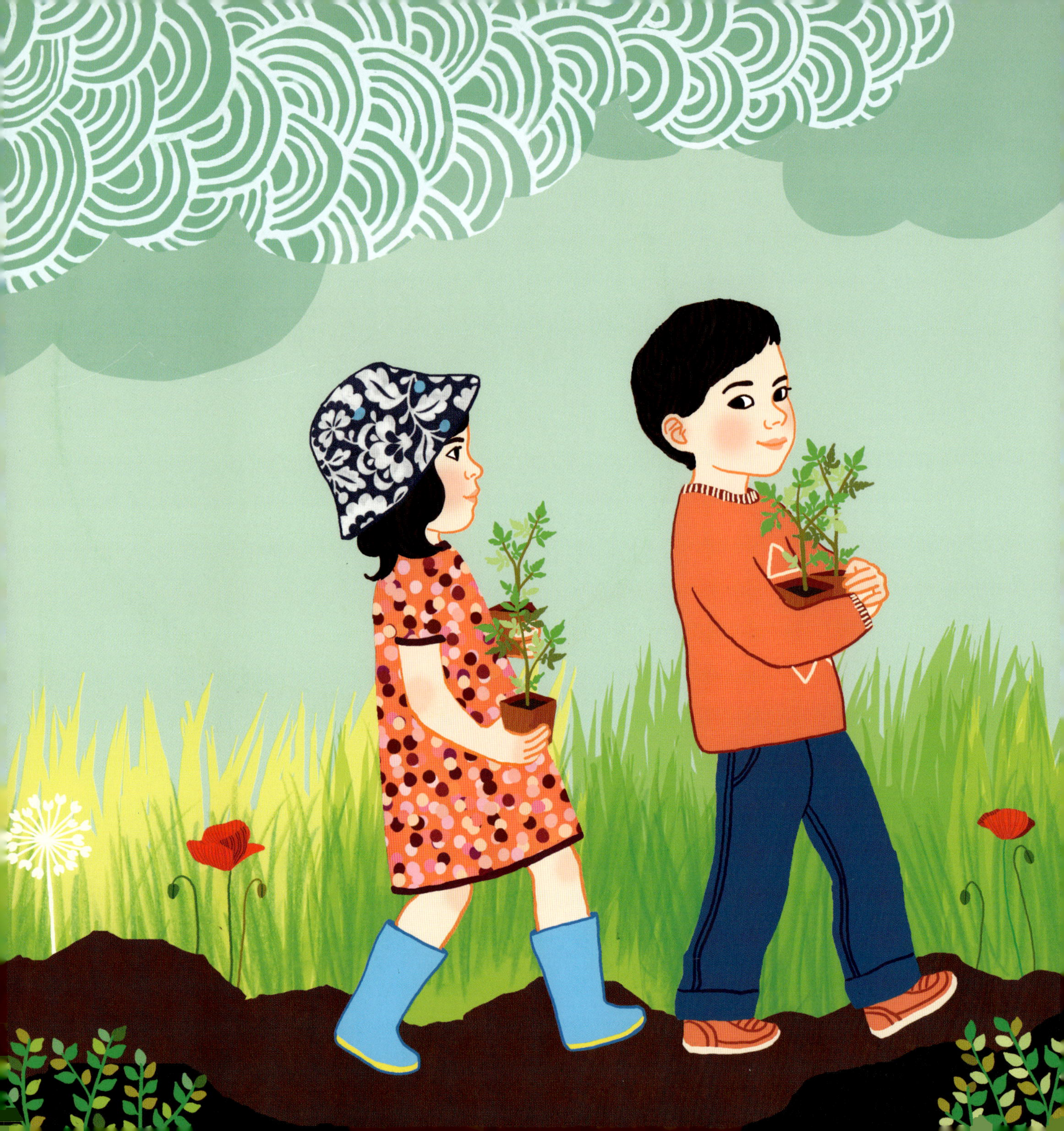

CD 1

Aujourd'hui, Bulle et Bob ont beaucoup à faire dans le potager.

Ils vont planter des tomates. Des tomates cerises.
Ils ont quatre plants. Ça fait deux chacun.

Bob file chercher ses gants et ses bottes dans la cabane,
Bulle est déjà prête depuis longtemps.

CD 2

Le printemps

Joli temps, le printemps
Joli temps, allons dans le vent
Il fait un joli temps
Allons, allons, le printemps
Il fait un joli temps
Allons dans le vent

– *On enlève les mauvaises herbes !* dit Bob.

– *Les mauvais zèbres ?*

– *Non ! Les mauvaises herbes, j'ai dit.*

– *Oui, je sais, hein !*

Accroupie dans la terre, Bulle commence à arracher quelques herbes...
et le persil aussi !

— *Mais non, Bulle,* ça, c'*est les* bonnes herbes !

CD 3

Les herbes

Il y a les herbes bonnes
Et d'autres mauvaises
Si j'enlève les bonnes
Bob l'a mauvaise

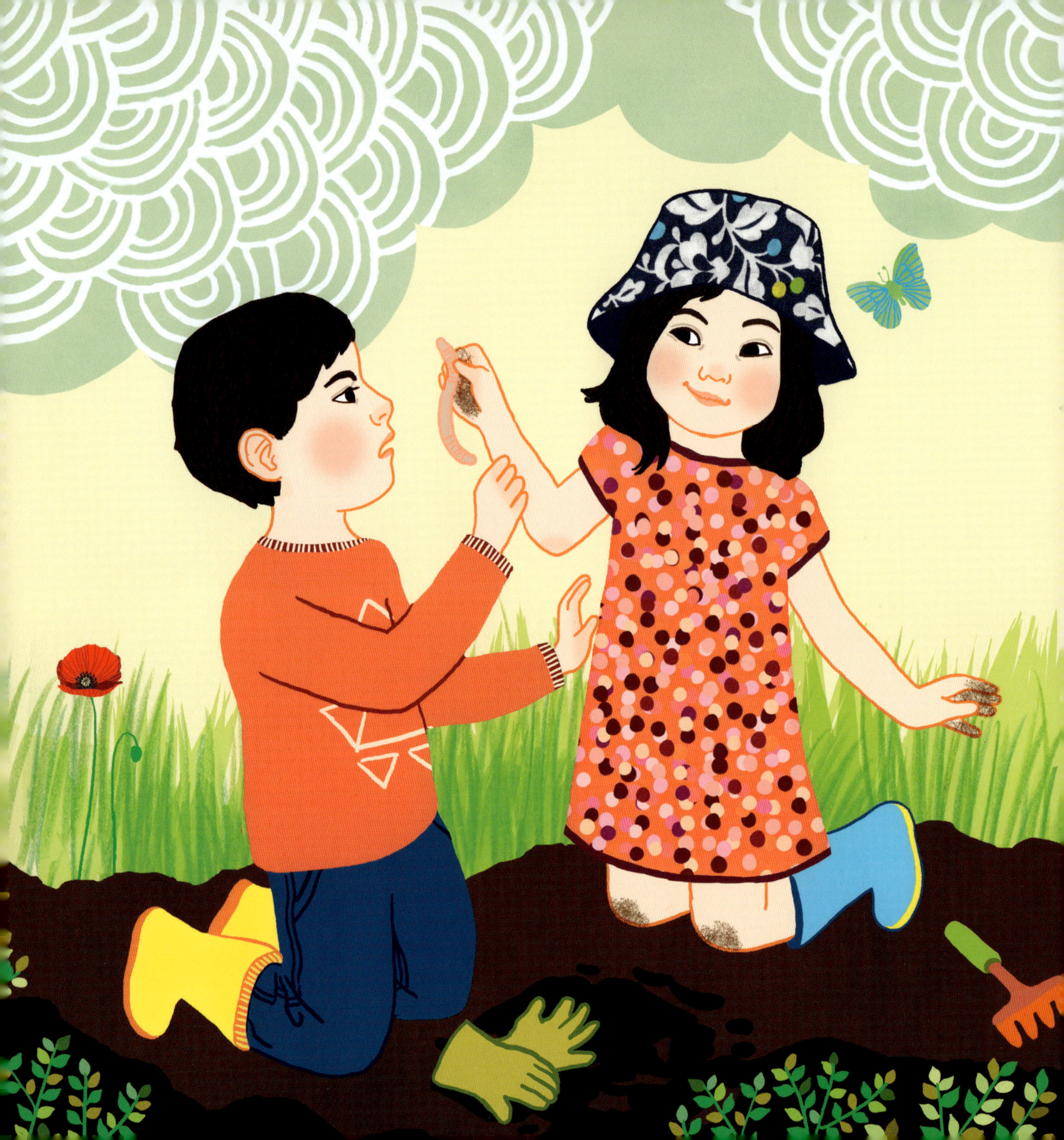

– Maintenant, on va remuer la terre, bien la remuer. **Ahh !** Y'a un ver de terre, **beurk !** Ah, j'aime pas ! Deux !

– Mais, Bob, c'est la nature ! T'es chochotte des fois !

CD 4

J'adore
J'adore mettre mes mains dans la terre
J'adore, j'adore ça

– *Je vais faire des p'tites niches pour les tomates*, dit Bulle.
– *D'accord, c'est bien les p'tites niches.*

Bulle va chercher la pelle dans la cabane et revient en chantant et en sautillant.

CD 5

Planter

Planter
Mettre dans la terre
Planter
Donner à la terre
Planter
Mettre dans la terre
Donner
Un cadeau à la terre

Juste à côté des fraises et des coquelicots, Bulle a fait un joli trou.
Ce sera pour le premier plant de tomates.

– *Elles vont être bien là, tranquilles, bien au soleil,* dit Bob.
– *On arrose maintenant ? J'aime bien arroser, moi,* dit Bulle.

– Après, après ! Tu connais le jeu des légumes ?
Je dis un légume, tu dis un légume, je dis un légume, sans s'arrêter, tu vois ?
Bon, je commence, tu vas voir.
Courgettes ! À toi !

– Euh... carottes !
– À moi ! Poireaux !
– Euh... à moi. Frites !
– Ben, les frites, c'est pas des légumes !
– Si, des fois on en mange comme légumes.
– Oui, mais ça pousse pas dans la terre comme ça, Bulle !
– Ah bon ?
– Bon, perdu ! À moi. Salade !
– Euh... P'tits arbres !
– C'est pas des légumes non plus ! C'est quoi, les p'tits arbres ?
– Moi, j'arrête, je sais pas mes légumes !

CD 6

La salsa du radis

Radis dis
Salsifis
Radis
Brocolis

Maintenant, on arrose, allez !
Bulle prend l'arrosoir et part le remplir au robinet.

– Bob ! C'est dur, Bob !
– J'arrive !

CD 7

Les robinets

J'arrive jamais
À ouvrir les robinets
Il faut de grandes mains
Tourner avec entrain
Bref, je n'y arrive pas
Et c'est toujours comme ça

Un jour viendra
J'ouvrirai les robinets
Ce jour-là on verra
L'eau couler à tout va
Mes mains auront grandi
Et bien sûr moi aussi

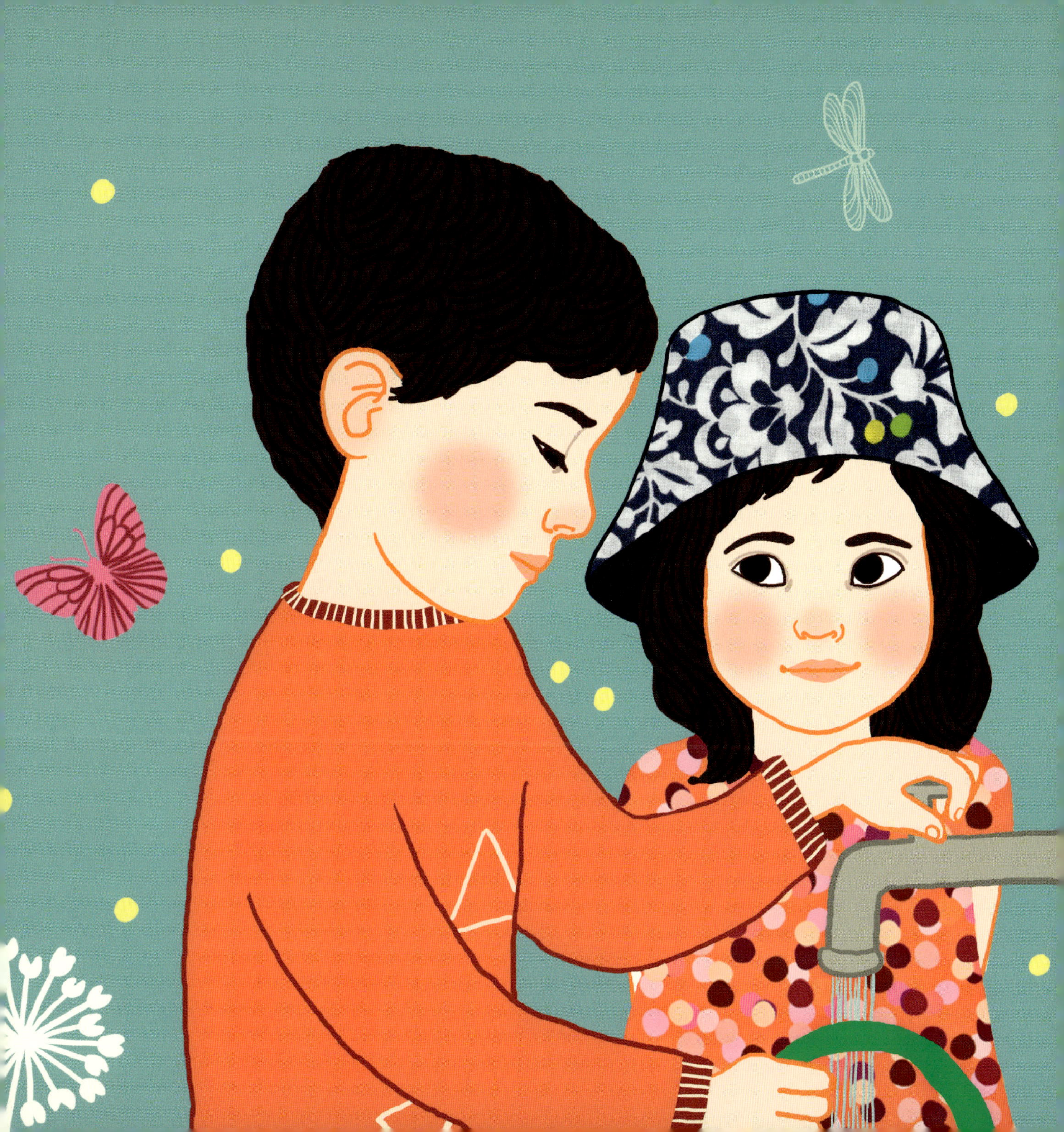

Bob vient aider Bulle et chacun remplit son arrosoir.

– *Bob ! T'as failli écraser mes tomates avec tes grandes bottes, là ! Ça se voit que c'est pas **tes** tomates !*
– *Excuse...*

CD 8

Avec mon arrosoir

Avec mon arrosoir
Je suis le roi dans le jardin
Je distribue à qui, à qui a besoin
À la tomate, la salade
Au radis, sans être radin !

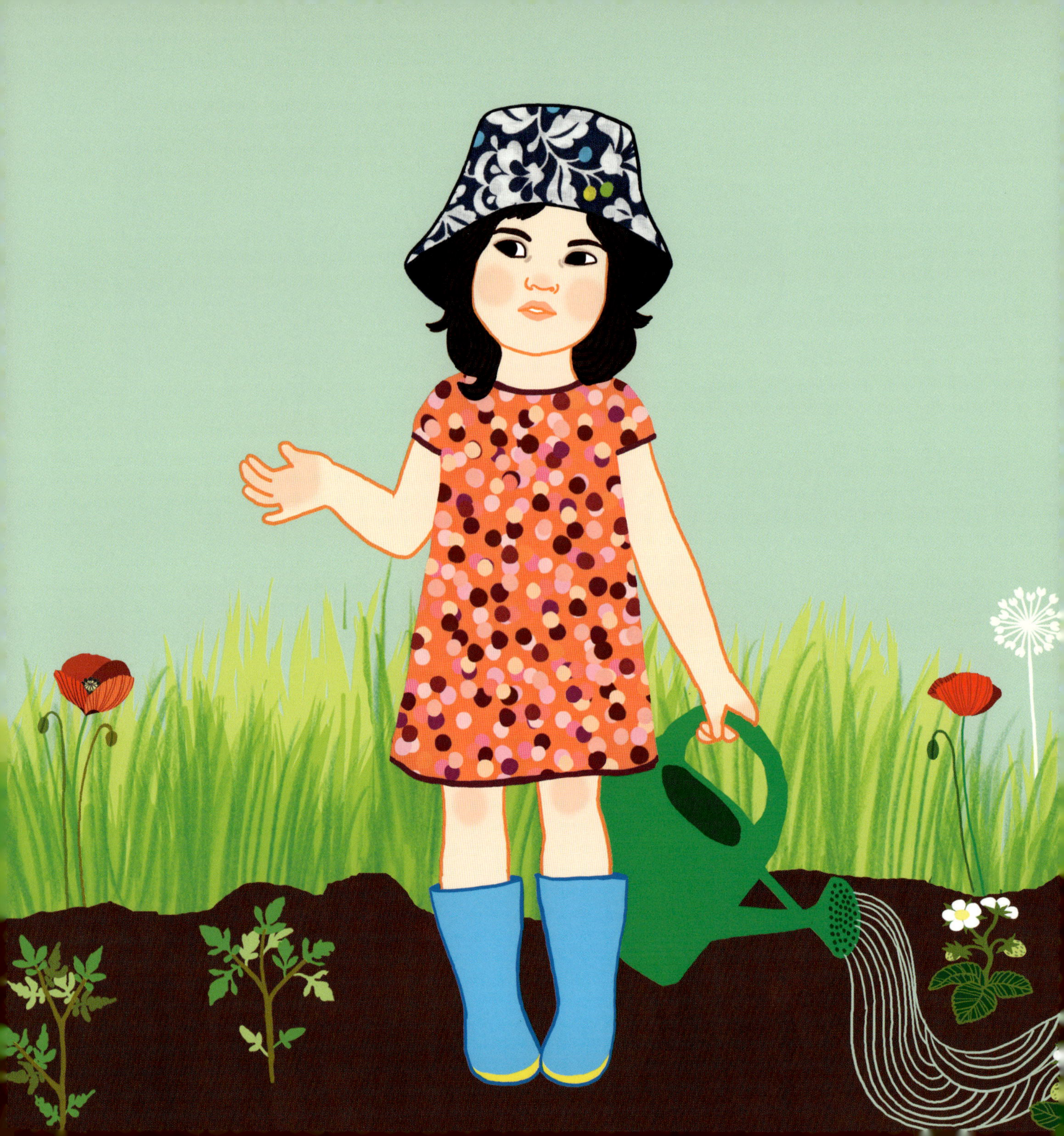

– Bon, ben, faut pas trop en mettre, parce que sinon c'est la gadoue.
– Tu m'as dit qu'il fallait bien arroser.
– Oui, mais faut pas trop d'eau, ça nage pas, les tomates !

CD 9

Les tomates cerises

Les tomates cerises
Deviennent rouges, je les mange
Les tomates cerises
Sont à croquer quand vient l'été

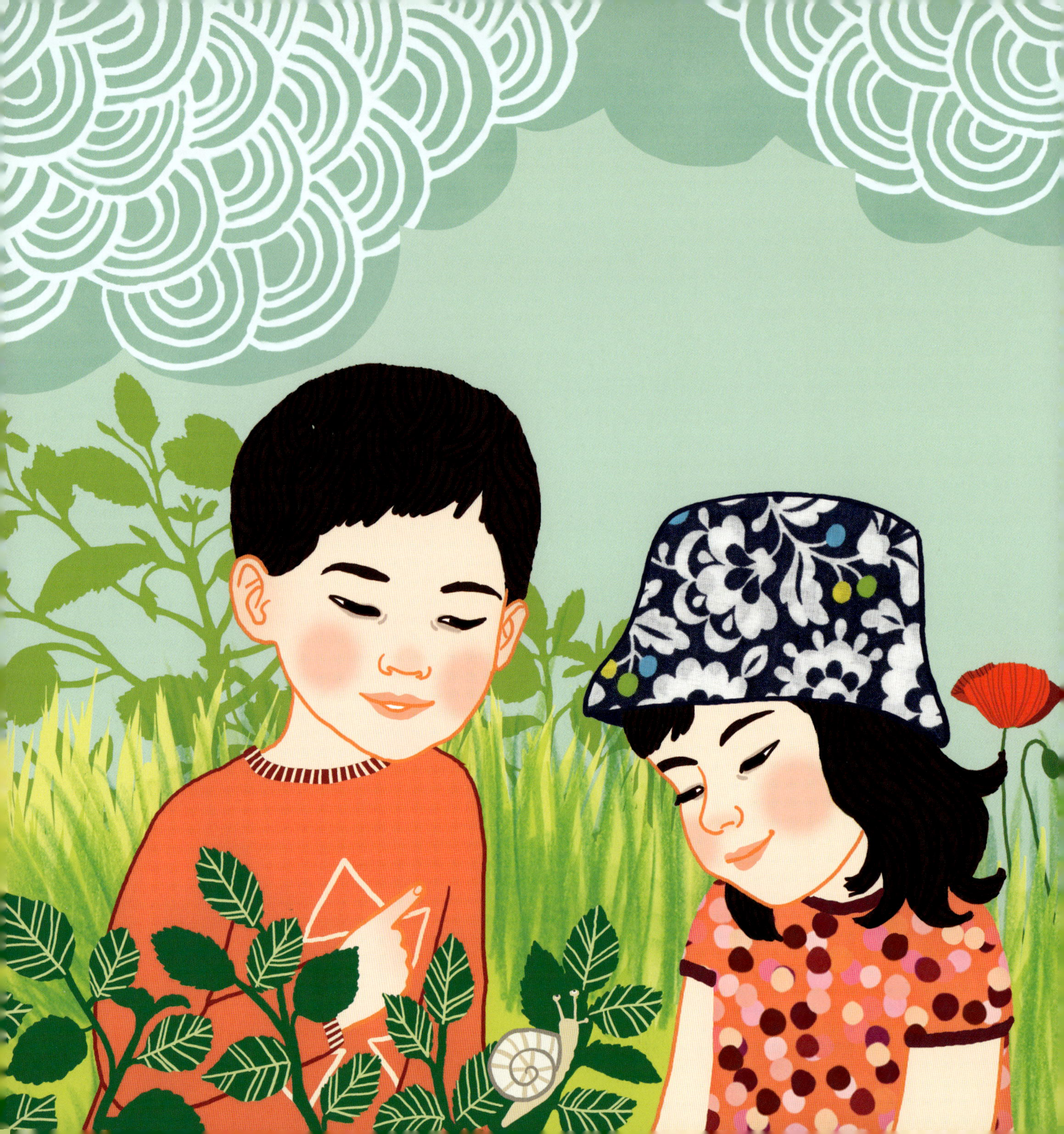

– *Regarde, regarde !* dit Bob.
Un p'tit escargot qui se promène.
Il est mignon ! Mais il a pas intérêt à les manger, mes tomates !
C'est compris, escargot ?

Deux papillons jaunes virevoltent
au-dessus du petit jardin.

CD 10

On pourrait

On pourrait passer sa vie
À regarder pousser l'persil
Passer sa vie à rêver
Prendre le temps de regarder

On pourrait passer sa vie
À écouter les petits bruits
Passer sa vie à chanter
Regarder les arbres bouger

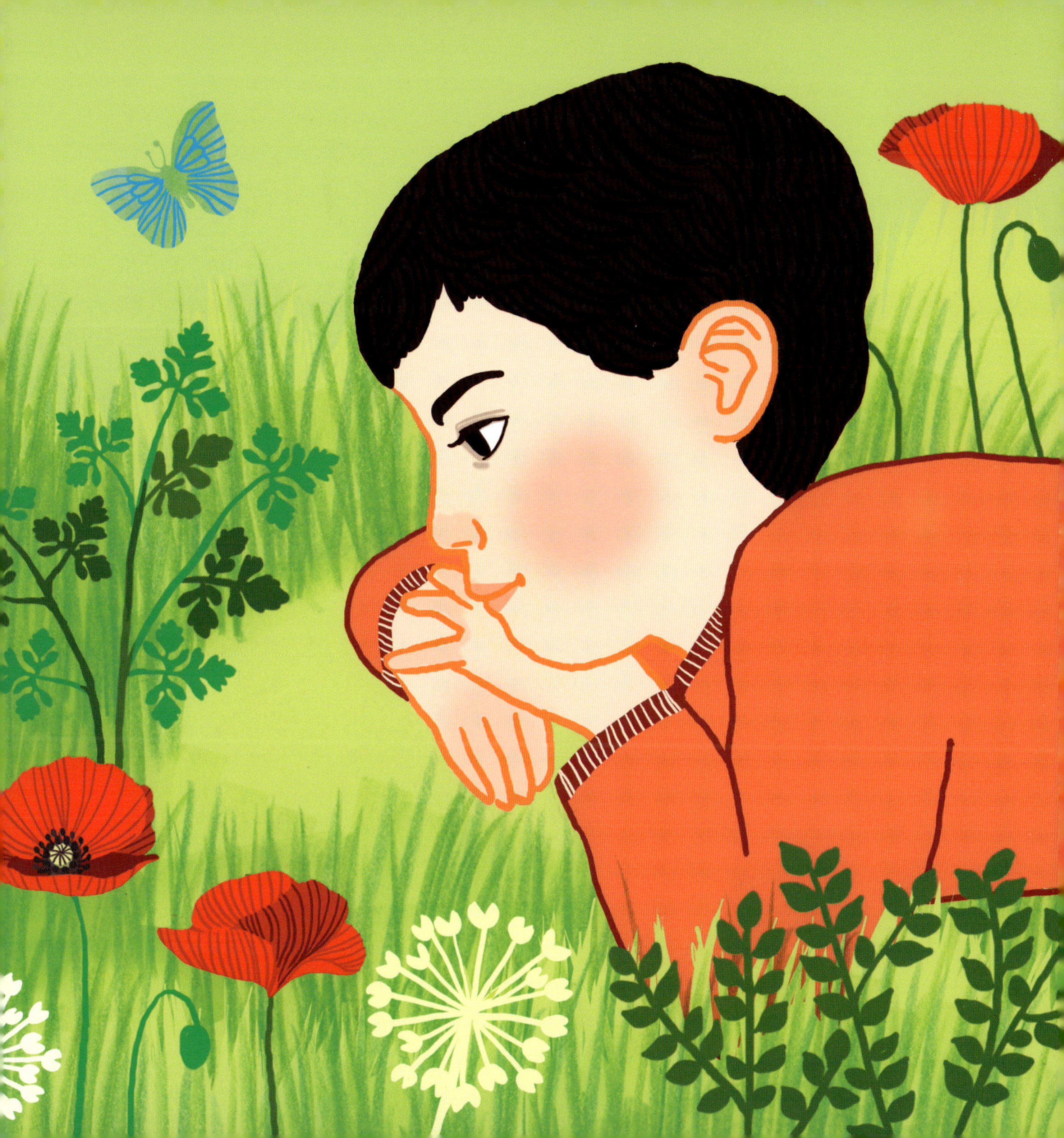

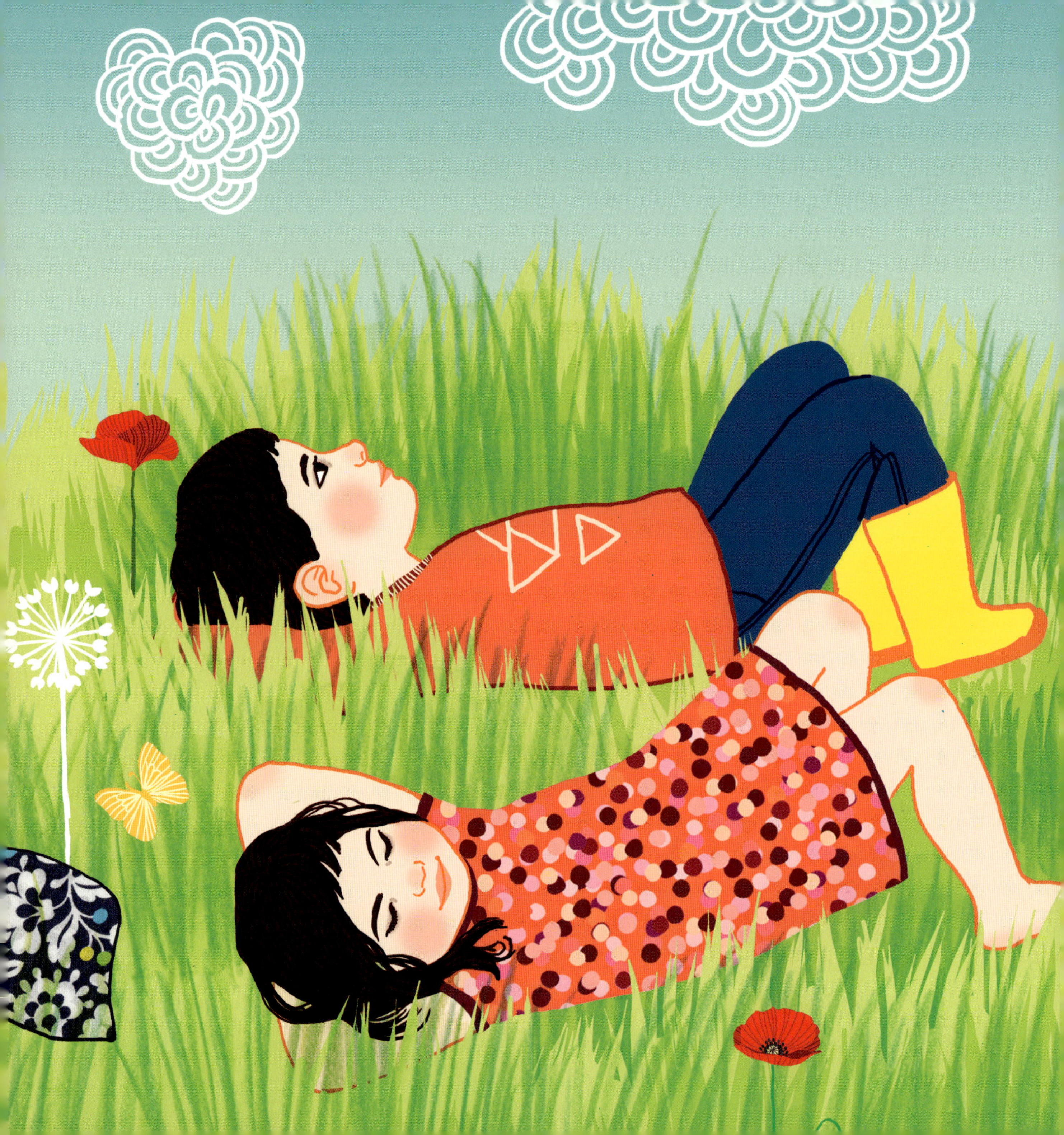

On pourrait passer son temps
Allongé au bord d'un étang
Regarder passer les nuages
Voir des moutons, des chats, des mages

On pourrait passer des heures
À écouter pousser les fleurs
Sentir le vent nous frôler
Prendre le temps de regarder

On pourrait, tiens, on pourrait

Oh ! Une coccinelle vient de se poser sur la main de Bulle.
Elle lui chante la p'tite chanson.

CD 11

Coccinelle

Petit point blanc
Elle attend
Petit point rouge
Elle bouge
Petit point noir
Coccinelle au revoir

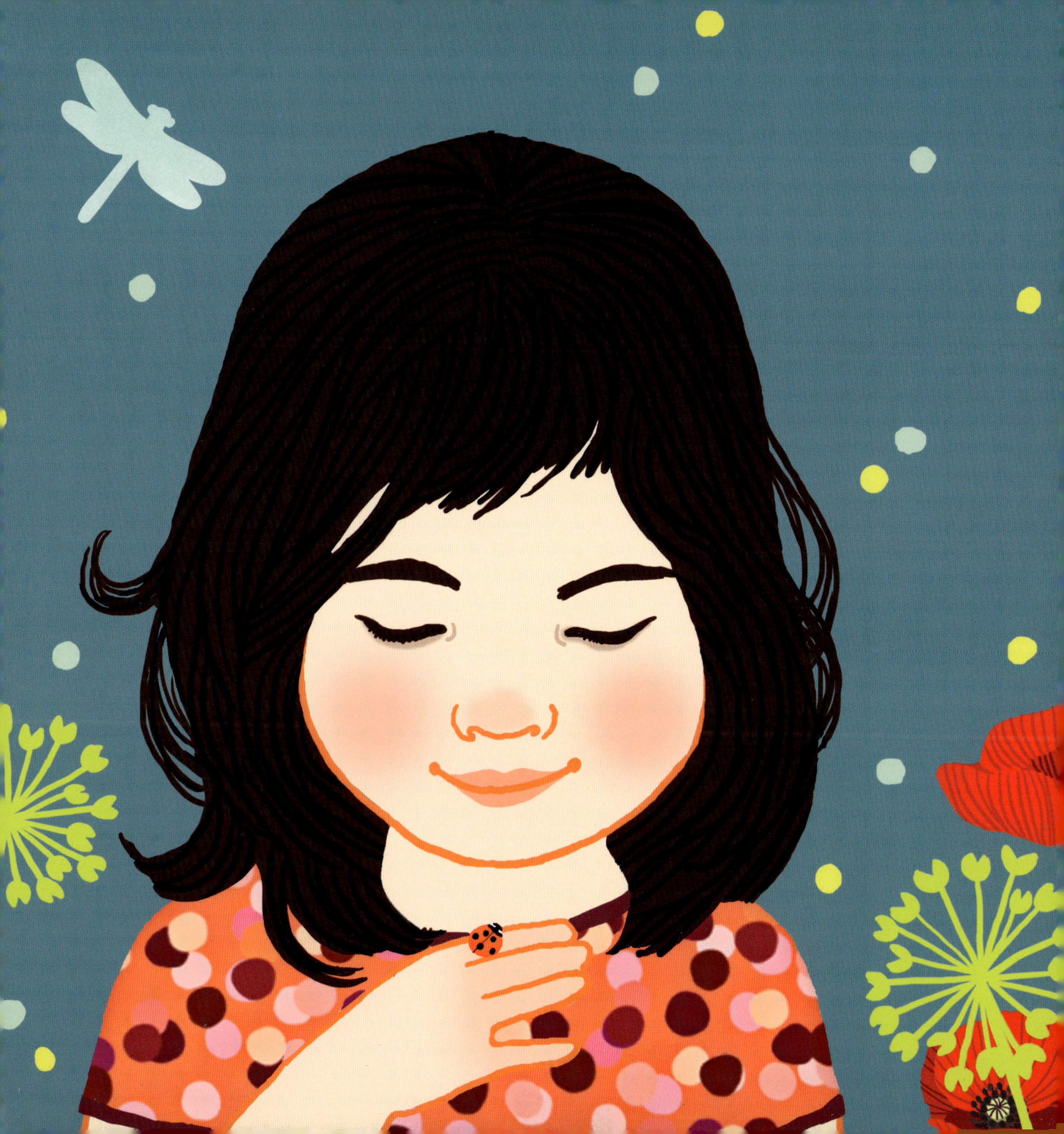

Bulle et Bob ont rangé leurs bottes
et leurs râteaux dans la cabane.
Et les tomates ?

Les tomates, elles, se sont déjà mises à pousser tout doucement.
Elles ont besoin de soleil, d'eau, juste ce qu'il faut.

Elles viendront quand il fera plus chaud.

À vous de jouer !

Natalie Tual connaît la chanson française comme sa poche, notamment par son expérience de la mise en scène et de la scène : elle a été l'interprète espiègle de Boris Vian ou de Boby Lapointe, et a chanté en première partie d'Anne Sylvestre. Après une formation au conservatoire puis aux beaux-arts de Nantes, cette artiste pétillante a travaillé pendant dix ans comme clown au Rire Médecin, ce qui lui a donné envie d'écrire pour les enfants. Aujourd'hui, Natalie Tual réalise son rêve et compose des histoires musicales pour les plus petits. Elle anime des ateliers d'écriture autour de la chanson et donne des lectures chantées qui rencontrent un succès grandissant.

http://tualnatalie.blogspot.fr/

Son complice de toujours, **Gilles Belouin**, a créé des arrangements légers et tout en finesse, qui servent à merveille les textes de Natalie Tual. Il aime utiliser de drôles d'instruments : carillon, marimba, vibraphone, mais aussi des percussions corporelles et des bruitages étonnants.

Les herbes

Paroles et musique :
Natalie Tual
© Didier Jeunesse

Ternaire ♩ = 144

Il y a les her-bes bonnes Et d'autres mau-vaises Si j'en - lè - ve les bonnes Bob l'a mau-vaise Pa dam, pa dam Pa dam, pam, pa dam Pa dam, pa dam Pa dam, pam, pa dam, pam, pa dam Pa dam, pa dam Pa dam, pam, pa dam Pa dam, pa dam Pa dam, pam, pa dam

À vous de jouer !

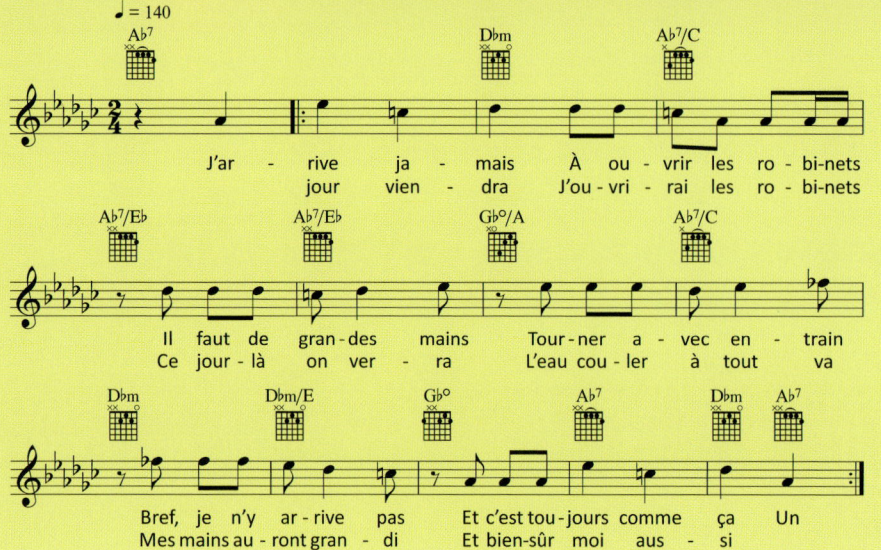

Les robinets

Paroles et musique :
Natalie Tual
© Didier Jeunesse

♩ = 140

J'ar‑rive ja‑mais À ou‑vrir les ro‑bi‑nets
jour vien‑dra J'ou‑vri‑rai les ro‑bi‑nets
Il faut de gran‑des mains Tour‑ner a‑vec en‑train
Ce jour‑là on ver‑ra L'eau cou‑ler à tout va
Bref, je n'y ar‑rive pas Et c'est tou‑jours comme ça Un
Mes mains au‑ront gran‑di Et bien‑sûr moi aus‑si

Coccinelle

Traditionnel

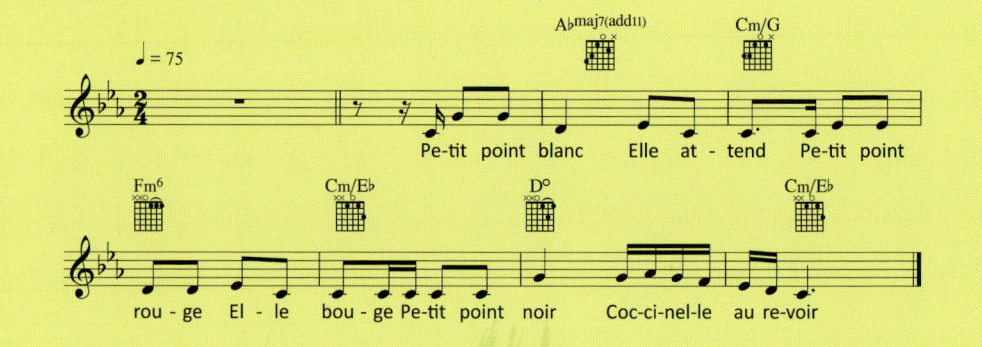

♩ = 75

Pe‑tit point blanc Elle at‑tend Pe‑tit point
rou‑ge El‑le bou‑ge Pe‑tit point noir Coc‑ci‑nel‑le au re‑voir

Avec mon arrosoir

Paroles et musique :
Natalie Tual
© Didier Jeunesse

♩ = 140

Avec mon arrosoir, je suis le roi dans le jardin, je distribue à qui, à qui a besoin. Avec mon arrosoir, je suis le roi dans le jardin, je distribue à qui, à qui a besoin. À la tomate, la salade, au radis, sans être radin ! À la tomate, la salade, au radis, sans être radin !

℗ et © Didier Jeunesse, Paris, 2014
60-62, rue Saint-André-des-Arts, 75006 Paris
www.didier-jeunesse.com
Conception et réalisation graphiques : Catherine Ea
Partitions : Elius gravure
Photogravure : RVB
ISBN : 978-2-278-07118-0 – Dépôt légal : 7118/03
Loi n° 49-956 du 16 juillet 1949 sur les publications destinées à la jeunesse

Achevé d'imprimer en France en avril 2016 chez Pollina, L76366, imprimeur labellisé Imprim'Vert,
sur papier composé de fibres naturelles renouvelables, recyclables, fabriquées
à partir de bois issus de forêts gérées durablement.

Didier Jeunesse s'engage pour
l'environnement en réduisant
l'empreinte carbone de ses livres
Celle de cet exemplaire est de :
400 g éq. CO_2
Rendez-vous sur
www.didierjeunesse-durable.fr

PAPIER À BASE DE
FIBRES CERTIFIÉES